풀밭의 담론

만인시인선 · 4

풀밭의 담론

박진형 시집

만인사

自序

게으름과 느림은 다르다.
두번째 매듭을 묶으면서 게으름은 미학이 아니라
세상에 대한 오독임을 스스로 자인한다.
내 시의 원천이며 샘물이었던,
米壽로 이승을 뜨신 어머니의 공백을
이 시집으로 메꾸려니 허망하다.
칠흑 바위 마음 깨고 나와
세상에 시 몇 줄 보태는 일
눈물겨울 뿐이로다.

차 례

自序 —————— 5

1

저녁밥처럼 ——————— 13
초록별을 던지다 ——————— 14
몽상가 ————— 15
황금달 아래 ——————— 16
가방 멘 남자 ——————— 18
밥經 ———— 19
이팝나무 아래 ——————— 20
능소화 붉다 ——————— 22
풀밭의 담론 · 1 ——————— 24
풀밭의 담론 · 2 ——————— 25
풀밭의 담론 · 3 ——————— 26
풀밭의 담론 · 4 ——————— 27
풀밭의 담론 · 5 ——————— 28
풀밭의 담론 · 6 ——————— 29
풀밭의 담론 · 7 ——————— 30

차 례

2

머리를 구름에 밀어넣자 —————— 33
밤나무는 제 몸이 수미단인 걸 눈치채지 못한다 ———— 34
내 안의 봄밤을 따라가다 ————— 35
지팡이를 경배하라 ————— 36
어머니이신 나무여 ————— 38
채석강 ———— 39
한천사에서 ————— 40
인각사 ———— 41
가을 운주사 가서 ————— 42
마르코폴로가 동방으로부터 가져 가지 못한 것 ———— 42
소리 ———— 45
소릿길 ————— 46
소릿재 ————— 47
妙覺의 길 ————— 48
天樂 ————— 49
귤동마을 가서 ————— 50

차 례

3

낡고 오랜 거기 ——— 53
빈 수레 ——— 54
초록게와 아이와 하늘과 ——— 56
좌판 위의 생 ——— 57
소똥을 주제로 한 세 개의 아다지오 ——— 58
어떤 詩論 ——— 60
세상과의 不和 ——— 62
먼길 ——— 63
푸른 밤, 혹은 슬픈 ——— 64
각북 가는 길 ——— 65
가객을 위하여 ——— 66

차 례

4

물앵두 아래 ──── 69
너는, 너는 ──── 70
물방울 천국 ──── 71
후생의 봄밤같은 ──── 72
중년 ──── 73
눈물 ──── 74
米壽의 가을 ──── 75
입맞춤이며 은총인 ──── 76
사랑은 몸살이니 ──── 77
장항리에서 ────78
늪의 길 ──── 80
유카리 ──── 85
말을 걸다 ──── 86
나무에 관하여 ──── 87
초록 마을 ──── 88
구름과 놀다 ──── 89
구름책 ──── 90
다시 구름책 ──── 91
폭포 ──── 92

| 시인의 산문 |
나무와 숲, 신생의 언어 ──── 93

1

저녁밥처럼

뜯어먹다 만 구름이 저문 하늘에 떠 있다
중절모 쓴 사내는 짐자전거 뒤에 양철 다라이 붙이고
며칠째 길모퉁이에 서 있다 가끔 생각난듯
흰설탕 떠넣고 열심으로 페달 밟는다
아이가 젓가락에 감긴 분홍빛 속살 뜯어먹는 저녁
가슴에 띠 두른 한 무리 아낙들이 지나가고
허물다만 담벼락 아래 먼지 뽀얗게 뒤집어쓴
국화는 목침만한 꽃 달고 낑낑거린다
저문 하늘에 아이가 뜯어먹다만 구름이 떠 있다
불어터진 추억의 저녁밥처럼

초록별을 던지다

밤마다 바다로 간다
모래에 반쯤 묻힌 구두 속에는
초록별 하나 잠들어 있다

사내는 하릴없이 덕장에 널린
명태 눈알 빼내 우물거리며
바지에 묻은 모래를 털어낸다
머리에 질끈 붉은 끈 동여매고
지새운 밤이 그리웠다고,
담배불에 데인 가슴 냅다
수평선 너머로 내던진다

모래밭에 나뒹구는 초록별 하나 둘
길게 성호를 그으며 바다로 뚝, 떨어진다
어제 던진 별이 쥐노래미 가슴에
영롱하게 박혀 있다

별 하나 떼구르르
세상 밖으로 굴러 떨어진다

몽상가

노란 모래밭
발목이 빠진 나무의자
등 뒤로 수평선을 둘렀다
(수평선은 의도적으로 타원이다)
무릎에 달을 끼운 사내가
며칠째 졸고 있다
상어 이빨 물어뜯던
파도가 밀려와
컴컴한 상처를 들여다 본다
창자 깊숙히 빨려들어간
담배 연기는 되뿜어져 나와
위궤양 구름으로
저문 바다에 떠 있다
쉼없이 나뒹구는 소주병 대신
불콰해진 꽃게 두어 마리
으싸으싸 기어 올라간
의자의 아랫도리가
너덜거린다

황금달 아래

어제까지 살던 집을
어깨에 멘 사내가
비탈로 비탈로 올라가다
더 오를 데 없을 때
호박꽃 퍼질러앉은 빈터에
집을 내려놓는다
다급하게 담배 뽑아물고
산 아래 굽어본다
연기를 내뿜을 때마다
옆구리가 텅 빈다

조각보 잇댄 루핑집
콜타르 범벅인 지붕 위를
고양이가 바자니고 다닌다
불꺼진 방으로 들어간 사내는
날숨 들락키며 수음하다
달빛에 들킨다

아침 굶은 아이가

황금달 덥썩 베어무는 저녁
호박이 줄기마다 노란등 내다거니
마을이 금세 환해진다

가방 멘 남자

가방 속에는
生이 들어 있다
이빨 물린 지퍼를 내리고
(왜 이리 자주 물리지)
4B 연필과 송곳을 꺼내어
손바닥 그림 그린다
생각난듯
옆구리에 집을 끼고
끙끙 계단을 오른다
창틈으로 불빛이 새어나온다
물구나무 선 사내와
다섯살배기 딸 아이와
어깨 약한 아내가
기우뚱 들어 있다

금색달 하나
푸른 달무리를 끌고
서편으로 붉게
떠간다

밥經

식구들의 밥줄을 끌고 출근을 서두른다
구십년식 엑셀의 가속 페달 밟으면
툴툴거리다 서다 다시 기어간다
산업도로를 따라 금호강 건너
망우공원 고갯길로 접어들자
백밀러에 구름이 쏟아져 들어온다
신호등에 막힌 길 위로
방죽에 늘어선 포플러가 걸어 나가고
꽁무니 문 밥줄들 납작 엎드려 있다

초록 구름 겹겹
포개져 흐르는 숲 위로
밥 빌러 가던 마음도
잠시 방생한다

이팝나무 아래

길은 비틀거리며 사내를 뱉아놓는다
늦은 밤 사내는 뜬금없이 이팝나무에 기대어
이빨 물린 지퍼를 내리고 오줌 갈긴다
느리고 길게, 혹은 부스스 몸 떨며
《《빌어먹을 새끼 잘났다 잘났어
나무에게 발길질한다

눈 감고도 훤히 다닌 길이 그리웠다
길 한 가닥 개미가 물고 간다

세상은 어둠과 密通한 게 분명해
허리 잘룩한 집에는
아이들이 곤히 잠들어 있겠지

《《더러버서 때려 치워야지
버스에 짐짝몸 맡긴 사내는
어제 먹은 도롱농알 내뱉는다
도롱농 새끼가 꼬물거리며 기어간다
길은 세모나 네모로 비틀거린다

길게, 혹은 걸죽하게
몇 발짝 떼다 퍽 쓰러진다
뒤축 닳은 구두 벗어 머리에 벤
사내는 어느새 잠이 든다
이팝나무는 희디흰 손바닥 펼쳐
그윽하게 사내를 감싸안는다

능소화 붉다

침대에 비스듬히 누워
버터플라이 뒤적이던 사내는
입술 동그랗게 말아
구름도너스를 만든다

밤이슬에 젖은 눈으로
누이는 돌아왔다
구멍 뚫린 스타킹에는
불에 덴 흔적이 드러나고
처진 젖가슴에 떨어진 살비듬
소금비누로 닦아내어도
지워질 기미가 없다

《《집으로 갈 수 있을까
엄마는 머리끄뎅이 끌고 길길이 뛸까
집은 단순해질까》》

밤새 사내가 만들다만
분홍 구름 속으로 세 든

누이는 쿨룩이며 새우잠 청한다

밤새 마신 술이 위벽 뚫고
담벼락 기어오른다
블록담의 상처 감싸안고
저리 붉은 능소화 한 무리

풀밭의 담론 · 1

빈터에 구름이 구두점 찍는다
빈터란 본래 없는 법, 어느새
풀밭의 談論 퍼질러놓는다
쇠뜨기 달개비 개망초꽃 방가지똥 여우꼬리풀
잡동사니 마음 다 풀어놓는다
구두점과 구두점 사이
들쥐도 땅강아지도
집을 지었다

풀잎의 이슬감옥에도
슬쩍 거지 아이가 갇힌다
풀무치가 이슬 안을 들여다보다
아이와 눈이 마주 친다
나를 쫓아낸 놈이 너지! 너지!
눈 모로 뜨고 면박준다

풀무치 큰 눈에도
연분홍 구름떼 그렁그렁
구두점 찍고 있다

풀밭의 담론 · 2

풀밭에 무심코
엉덩이 내려놓는다

엉덩이 아래
  쇠비듬 아래
    바랭이 아래
      코딱지풀 아래
개미의 발목이
  삐끗했다

여린 마음이 조금 삐었다, 그만 두기로 한다

풀밭의 담론 · 3

빈터에 금방
쇠뜨기가 집을 지으니
제 몸보다 천배나 큰
송장메뚜기 끌고 가던 개미
가는 허리로 날벌레를 생으로 씹는다
가끔 구름이 감당하지 못할 그리움으로
풀밭에 슬쩍 엉덩이 내려 놓는다
엉덩이 내려놓은 풀밭으로
아이가 가지고 놀던 구슬이
흙에 묻혀 있다

新生의 빈터에 몸 숨긴 저 영롱한
이슬 하나 녹슬지 않는다

풀밭의 담론 · 4

지붕 위로 올라간 사내는
용마루 끝에 두 팔 벌리고 서 있다
겨드랑이에는 퇴화한 날개의 흔적 뚜렷하다
하늘을 이불 삼아
물구나무 서서 달 쳐다본다
둥글어 슬픈 달

굴렁쇠 굴리던 사내가
《야 새끼들아 잘 먹고 잘 살아
하늘에다 대고 연신 삿대질해쌓는다
잠 뒤척이던 풀잎은 땅 위에
다시 몸 내려놓는다

풀밭의 담론 · 5

풀밭은 다만 풀밭의 담론을 퍼질러놓는다
자신이 만든 담론 속으로 개미가 기어간다
가는 허리에 명주실이 묶여 있다

소방차가 물호스로 쏴아 뿌려댄
팅팅 불은 펜트하우스지
벌거벗은 여자가 찔끔 햇살에 찔린다
활자와 활자 사이
코끼리가 무거운 몸 끌고 간다
풀과 풀의 행간 사이
성냥팔이 소녀도 지나간다

풍매화가 빈터에
초록 물감 다시 엎질러놓는다

풀밭의 담론 · 6

누더기옷 입은 아이가 돌아왔다
손등으로 쓱 코를 문지른다
한 됫박 흩어진 못이 아이를
옛집의 추억 속으로 데리고 간다
아이는 훌쩍이며 풀밭에 드러눕는다
상자 안에는 바오밥나무도 코끼리도 없다
아픈 시늉도 하지 않는 풀밭이
잠든 아이를 가만가만 들어올려
보랏빛 구름에게 선사한다

풀밭의 담론 · 7

햇빛은 너무 멀리 있다
구두 뒤축이 닳아 바깥 쪽으로 굽어 있다
지워진 길을 발이 용케 버팅기고 있다
45도로 길게 휘어진 억새 무리를
뿌리가 움켜쥐고 놓아주지 않는다
완강하게 움켜쥔 뿌리에도
그리움의 그늘이 있다는걸
파보지 않아도 바람에 들킨다

머리를 구름에 밀어넣자

마음이 컴컴하게 저물 때
머리를 구름에 밀어넣자
결사적으로 밀어내어도
냅다 구름에 밀어넣자

멍한 머리가
흰구름 빨아들여
冬蟲夏草가 될 때까지

밤나무는 제 몸이 수미단인 걸 눈치채지 못한다

저물도록 눈 아려오는
환성사 가는 휘어진 길
일주문 지나자 후두둑 늦가을비에
밤송이들 툭, 꿰맨 실밥 터진다
주머니 여럿 단 등산복 차림의 내외가
밑둥 흔들다 돌로 쿵쿵 찍어대어도
꿈쩍않는 천치의 밤나무여
과일바구니 머리에 인 원숭이처럼
제 몸이 수미단인 걸
눈치채지 못한 밤나무여

천치의 마음 너에게 물으면
여윈 몸 속으로 들어 와 있는
아리도록 저문 환성사길

내 안의 봄밤을 따라가다

내 안의 당신, 당신 따라 가는 봄밤
조브장한 길 굽돌면 열두 계단 그 너머
운흥사 산벚나무 절집 한 채

희디흰 달빛 사리 비질하는 당신의 말씀 제 속에 밀어넣고 부시럭거리는 산벚나무, 한 백년 벙어리로 천수경 따라 외우다 화들짝 마음문 열면 서쪽으로 휘늘어진 가지 끝에 흰꽃등 내다건다. 몽글몽글 타오르는 희디흰 꽃등은 오래 곰삭혀온 내 안의 당신, 아름드리 나무가 품은 만월도 당신의 노래인 것. 한뎃잠 자던 목어도 풍경 소리에 푸더덩 계곡에 몸 밀어 넣다 꽃잎 따물고 그만 혼몽의 봄밤에 젖어드는

산벚나무는 내 안의 당신
당신 안의 적멸보궁

지팡이를 경배하라

　능소화 붉은 그늘 후줄근히 걸터앉는 동국대학교 담벼락 끼고 석장사 가는 길 마을쪽으로 바삐 건너가다 들킨 칡넝쿨에 발목 잡혀 몇 번이나 잘못 든 길 되돌아 나와 당신 찾아 갔지요 見谷 弦曲 玄斛 現哭 글자들 눈에 밟히더군요 끝없는 지렁이 울음길 축축한 한 끝을 밟고 길게 휜 시누대 빈몸 바람이 되받아주곤 했지요 시간의 흔적이란 불탄 검불과 무엇이 다르겠는지요 아무렇게나 파널린 발굴 현장 이마 깨진 기와 쪼가리 저승꽃 흐릿한 銘文에도 다녀간 비의 흔적 뚜렷합니다 당신 여윈 몸 바람에게 다 내어주고 속살 드러낸 흙더미 귀화식물만 듬성듬성 퍼질러 앉았지요 불에 덴 아린 상처 챙 넓은 잎으로 가린 미국자리공 검붉은 열매만 나 여기 있어, 나 여기 있어 손사래치면 나도 귀화인간 아니겠어요
　당신은 지팡이로 경을 삼았지요 모지라진 주춧돌만 남은 빈터 몸 드러내지 않는 당신 햇살에 눈 찔린 미국자리공 지팡이 끝에 매달아 둔 빈 자루 世間으로 날아갑니다 저 혼자 저문 세상 떠돌며 딸랑딸랑 벙어리말씀 흔들어 당신 품으로 깃 듭니다 당신이 키운 굴참나무 바람 불지 않아도 떽떼그르 목탁 소리냅니다 길게 휜 지팡이에 내 마음 걸어두면 당신에게로 날아 가겠는지요 냅다 머리통 갈기는 벽력 소리 산벚나무

에 걸어두면 철늦은 마음에도 하르르 눈꽃 피우겠는지요

어머니이신 나무여

마음 어둑어둑 저물어
적천사 은행나무 보러간다
눈물이란 눈물 다 주어버리고
노래란 노래 다 주어버리고
지상에 빈몸 정갈하게 묶어 둔
어머니이신 나무여
침묵의 끝에 닿으면
오, 내 새끼 이제 오냐
다정스레 품어 주는 어머니여

너는 나무의 딸
나는 나무의 아들
허섭쓰레기 몸 다 버리고
너는 너의 어미나무에게로
나는 나의 늙은 어미나무에게로 들어가
두 손 맞잡고 서서 잠드는
늦가을 저녁 한 때여

채석강

늦은 봄 어린것들 데리고
채석강 밀물떼 보러간다
눈물 품었다 내어놓는 절벽 아래
누가 공들여 읽다만 수만 서책들
층층 각진 마음 쌓아둔걸까
하루에도 수천 번
들락거리는 밀물떼여
꼬지랑물에 몇 번 몸 헹군
저 미끌거리는 산낙지
입 천정에 쩍쩍 들러붙는
비린 말이여
불원천리 내달려온
내 어두운 마음도 불타
저문 서책으로 누워
서해를 적시느니

한천사에서

절집 뜰 앞
떨어지다만 모과 두어 개
나무에 묶인 채 썩고 있다
썩을수록 진한 냄새 콕콕
하늘에 박고 있다
어디서 날아온 동박새 한 마리
잠시 寒天을 들었다 내려놓는다
몇 번 꽁지 흔들다가
부도에 앉아 찍 똥 갈기고
모지라진 돌탑에 앉아
천수경 흉내낸다
목없는 돌부처에 앉아
부처 나와라 부처 나와라
세상은 한천 너머에 있고
믿을 건 너 밖에 없다
겨울 동박새여

인각사

석달 열흘 가뭄 끝에 오는
소나기 시원타 시원타
늙은 소나무가 말문 트니
어린 나무가 하늘에다 대고
상처뿐인 몸을 비비네

죽은 이의 눈빛이 겹겹 연꽃으로 피고
여름밤은 개구리 울음 잔치네
구더기가 파먹다 버린 마음도
중얼중얼 경 따라 읽고

가을 운주사 가서

1

광휘의 햇살 아래
일렬로 줄지어 선 석탑들 장관이네
허기 끄려고 동그랗게 빚다만 밀개떡
아무렇게나 얹어둔 원형 돌탑 앞에
등 맞댄 감실 돌부처 가부좌 틀고
안과 밖 훤히 내다 보네
거꾸로 매달린 머리통만한 말벌집
말벌떼 수시로 들락거리며
벌침 쏘아대어도 돌부처 꿈쩍 않으시네
누가 그러쥐다만 동전 몇 닢
촛농에 녹슨 눈물도 다 태우면
세상 일 내 다 안다는 듯
광휘의 햇살 아래 고즈넉히
열반에 드시네

2

산 위에 턱, 하니 누워서
일어날 줄 모르는 와불 곁에서

너를 훔쳐 본다
훔쳐 보다니, 훔친다
너를 훔쳐 내 안에 가둔다
가두었다 내어놓으니
어둑어둑 산그늘이
와불로 눕는다

마르코폴로가 동방으로부터 가져 가지 못한 것

몸은 비어야 소리가 난다
흙은 제 속 비워 옹기를 만든다
옹기와 옹기가 접붙은 봄하늘
밧줄이 아슬히 붙들고 있다

눈발치는 소나무 끝에 앉은 팔색조가
몇 번 허공 뒤적이다 날아가고
텅빈 몸 빠져나온 소리 겹겹
노래의 물무늬 만든다

노래에 빠져 허우적거린 세월아
시간의 물살에 슬쩍 손 밀어넣으면
共鳴의 눈물이 뭉클 만져진다

멀리서 사람 하나 살다 간 흔적으로
쩡 옹기에 금이 간다

소리

초승달이 삐딱하게
저문 하늘에 걸려 있다
누가 둥그런 소리 어루만지다
첩첩산중 캄캄히 울고 있다
조였다 풀고 감았다 길게 늦춘 실타래
소리는 소리를 끌어당겨 산을 만든다
하현으로 기운 소리 희미하게 끌어안고
꽃댕기머리 물총새 한 마리
하염없이 가고 있다
어여삐 감춘 깃 하나
저문 마음에 떨군 채

소릿길

몸이 마음을 버릴 때
베란다에 내어놓은 두메양귀비 핀다
연노랑 꽃등이 나를 가만 흔들다가
천구백사십년의 리화등선에게 데려간다

모시나비는 거미줄에 날개 찢긴 채 울고 있다
복각판에서 찍찍 풀려 나오는
저 소리는 羽化다

소리로 세상을 촘촘히 읽다니
두메양귀비 곁에서 소리와 몸바꾼
그대 빈몸 껴안고 울며 지샌 밤이 있다
그런 밤에는 내 마음 한 가닥
팽팽하게 잡아당겨
청둥오리떼 날아간다

청둥오리 가는 길
몸이 마음을 버리고 登仙하는
저 소릿길

소릿재

남 몰래 몸저린
이별 하나쯤 있어야 겠다
황톳마루 속이 텅 빈 느티나무
지는 해를 배경으로
늙은 아비가 눈먼 소녀를 데리고
나무 아래 그렁그렁 앉아 있어야 겠다
퉁, 북을 퉁길 때마다
꼬부렸다 길게 휘어진 소리는
저문 강물 따라 휘돌아나가고
더러 닭벼슬 붉은 울음 위에도
피 맺혀야 겠다
황톳마루 속이 비어서 찬
늙은 느티나무 두고
몸푼 소리 하나
집을 나섰다 끝내
되돌아오지 않는다 하는

妙覺의 길

반야교 건너면 금강교
금강교 건너면 해탈교
그 너머 구름 속
묘각사 있다

비렁뱅이 몸 버리고 나서야
가 닿을 수 있는 길,
구름또아리 감았다 푸는
요사채 너머 파르라니
머리 깎은 여자 하나

바람의 왈살스런 몸
온전히 따라 흔들리며
바라춤 추는 구절초 닮은
서러운 여자

몸 다 버리고 나서야 마음이 가 닿는
묘각의 길, 아스라히 절벽 끝에
초승달 박혀 있는

天樂

1

모래는 흔적없이 몸 바꾸는 바람집이네
타클라마칸 사막 맨발로 건너 간 혜초는
모래 굴헝에 떨어진 매미울음을 주워
바랑에 담고 닝닝 密經 따라 외우네
마음에 낀 수천겹 때 벗겨내니
세간이 화엄 꽃밭이네

2

하늘에 걸린 절벽 위
늙은 소나무 아래 이슬 먹고
天壽 누리는 사람 하나 있네
백년 전에 새가 물어다 준 밥알이
누더기 옷 속 십년 묵은 똥으로 남아 있네
묵은 똥 위에 새 똥 보태 뭉기적거리며
해찰 즐기다 시들해지면
가죽만 남은 몸 부숴버리고
하늘에 드네

귤동마을 가서

몇 달째 시 한 구절 떠오르지 않는다
천덕꾸러기 사는 일에 허우적거린다
터덜터덜 구름이 내 마음 끌고 가고
푸르른 시간에 등 떠밀려 온 저문 귤동마을
태산목 그늘 아래서 마흔 중얼거린다
茶山은 불혹에 얼음 낀 강진에 위리안치되어
가슴에 고인 피 찍어 수백 권 서책 엮었다
눈 속에 빳빳이 고개 쳐든 춘란이
그리움은 상처 가운데 뿌리내려야 한다고
나직히 일러준다 눈발치는 세상 한 귀퉁이
마흔으로 넘어가는 노젓는 소리에
붉게붉게 노을 속 탄다

3

낡고 오랜 거기

좀벌레의 집은 책이다
어둠에 이끌려 뒤적인 다닳은 문맥은
세상으로 건너가는 極地다

한 사내가 생의 그늘까지 다 바친
마음의 經板, 글자와 글자 사이
세든 좀벌레 일가.

밥 먹고 줄줄이 새끼 까고
상형의 늑골 파먹고 빈둥거리다
화등잔 눈으로 세상을 읽는다
읽는다니 다 갉아먹는다

갉아먹다만 글자가 굴러다니는
낡고 오랜 거기
시의 알 낳으려 끙끙거리는
가련함이여!

빈 수레

먼길 돌아온 수레는
짐 다 부려놓고
그만 쉬고 싶어한다
구렛나루 주인도
딸랑이던 나귀 방울도
다 어디 가고
털썩 엉덩이 내려놓은
수레가 맨땅에
몸 묶어둔다

남루의 세월 견딘
화강암 옆구리에
가는 선 몇 개 그어두고
박수근, 철필로 긁은 뒤
손 탈탈 털곤
살평상에 몸 누인다

나팔꽃 줄기가
큰길 밖으로 기웃거린다

청진동 혹은 인사동
텅 빈 골목의 한낮을
쉼없이 들어올렸다
내려놓곤한다

줄기 끝에
파랗게 피다 만
얼굴 두엇
매달고

초록게와 아이와 하늘과

구덕을 빠져나온 초록게가
충무 앞바다 축 늘어진 수평선 하나 끌고
어기적어기적 동성로를 가고 있다
백배나 큰 알몸의 아이가 묶여준다
심심한 공기도 묶여주고 있다
엄지가 가리킨 하늘도 꽁지빠진 새도
천천히 묶여 주고 있다

그 뒤를 아이도 하늘도 새도
일렬로 따라 가 주는 시늉이다
동신지하도 입구 손발이 다닳은 아이
찌그러진 남비에 슬몃 수평선 풀어놓으면
아이의 쪼그라든 불알도
그만 쨍그랑 소리낸다

좌판 위의 생

헐렁한 런닝 차림으로
무릎 세운 사내는
깍지 낀 손 풀고 멀건히
밖을 내다보고 있다
딸애의 손 그러쥔 아낙이
그리다 만 그림 속으로 들어가고

나목 아래
반티 인 두 아낙네
어디론가 바삐 가고 있는 중이다
좌판에 펼쳐놓은 풋사과알도
햇살에 볼이 익어서
달디단 과즙
지상에 남겨 놓는

소똥을 주제로 한 세 개의 아다지오

1
소똥 한 무더기 푸더덩 부숴지면서
민들레꽃 한 송이 피웁니다
소똥 두 무더기 푸더덩 으깨지면서
민들레꽃 두 송이 화들짝 피웁니다
죄민하고 지나가던 모시나비도
잠시 단꿀 빨다 갑니다

조금 남겨 둔 꿀물
누구에게 줄까
민들레는 그만
고민중입니다

2
풀밭에, 선한 눈을 한, 소가
물끄러미, 소똥, 내려다, 봅니다

작년에 눈, 똥, 위에
올해 핀, 제비꽃, 더, 곱습니다

저만치 걸어간 소가 뒤돌아보다
콧김 한 번 씩 내뿜습니다

소똥도, 제비꽃도 싱긋 웃습니다

소똥은 멍든 제비꽃 하늘입니다

   3
칡소의 울음은 황토빛입니다 검다는 말은 거짓이구요 붉다는 말은 참말입니다 금세 눈 소똥이 질경이 머리를 냅다 덮칩니다 소똥은 보드라운 속살 내어 보입니다 비와 햇살에 곰삭은 소똥 위에 질경이 푸르게 푸르게 고개 쳐듭니다

희여멀건 질경이죽 그릇에서 건져낸
허리 꼬구라진 낮달 하나

질경질경 씹힌 아비의 세월입니다

어떤 詩論

1

입춘 지난 이월 저녁
하늘북서점 으슬렁거리다
새로 나온 김춘수 시집 〈의자와 계단〉을 만난다
팥빛 수입지 양장본 표지를 벗겨내자
뒷면에 4.5×7.3센티의 변형 사진이 하나
납작 모자 눌러쓴 일흔일곱살의 선생이
채플린풍의 콧수염을 달고 있다
검은 뿔테 안경이 반쯤 얼굴을 가린,
차이나칼라 남방 목까지 단추로 꽉 잠근,
엷게 입술 열어 무슨 말하려다 그만 둔,
모노크롬톤으로
나를 가만 비껴보고 있는

2

萬有寫生帖은 이십년 전 시간 속으로 끌어다놓는다
지방 국립대학 삐걱이는 목조 건물 유리창 너머로
팥빛 노을이 가끔 걸리곤하던 시론 시간
판서도 하지 않는, 걸상에 걸터앉은, 어눌한,

연신 채머리 흔들며 침 튀기던 강의는
십리나 혹은 이십리 쯤
길 벗어났다 되돌아오곤 하였다
휴교령과 탱크와 자욱한 페퍼포크 연기 속으로
그해 가을은 그렇게 저물었다
몰래 사과 훔쳐 먹던 시론 시간도
어설프게 막이 내렸고

　　　3
우스개 콧수염 단 詩翁은
경칩이 지나도 영영 시어지지 않는
마음김치 담궈 두고 있다, 가끔
예닐곱살적 통영 앞바다 노을 끌어다가
얼굴에 대어보곤 하는

세상과의 不和

밤마다 동백 속으로 들어가
열두겹 울음 우는 여자 있네
겨울내내 눈길 한 번 주지 않아도
아랫도리 친친 철사줄 감고
세상과 나 사이 턱하니
가로막고 있는
저 동백나무

열두겹 붉은 울음보
화들짝 펼쳐놓는 그 여자
어느새 내 속에 들어와 있네
서성거리는 마음 불러 세워
낯선 하룻밤 팔베게하여도
나 지금
세상과 불화 중이네

먼길

　켜켜로 먼지가 쌓인 방안 손가락 하나 까딱할 힘이 없다 열꽃 뒤집어 쓴 머리맡에 놓인 물그릇 먼지와 햇살이 뒤엉켜 싸운다 싸우던 나는 어디 갔을까 햇살에 멱살 잡혀 나온 수천 거머리떼 몸 속에서 격렬하게 지끈거린다 창틈 비집고 들어오는 햇살에 몸맡긴 누에 깊고 푸르른 고치 속에 누워 몽환의 몸 오무렸다 폈다 하며 먼길 나선다 羽化의

푸른 밤, 혹은 슬픈

밤하늘에 노란별이 떠 있다
노란별의 배경은 진한 남색이다
손바닥만한 푸른빛 두른 하늘 아래
빨간 지붕 밤톨집 하나
지상에 떠 있다

회칠한 방에는 문이 없다
남색 바지에 흰옷 걸친 남자와
빨간 블라우스에 초록치마 입은 여자가
포옹인지 춤인지 엉거주춤
푸른 밤 속에 놓여 있다

각북 가는 길

별을 보여준다는 한 마음에 이끌리어
늦은 밤 각북간다, 가창댐 끼고 정대 지나자
길은 길을 끌어당겨 산길로 접어든다
빠끔히 열린 하늘은 별잔치다
헤드라이트 불빛에 들킨 달맞이꽃이
노란 입 가리고 킥킥 웃는다
풀벌레소리에 가만가만 풀밭이 떠오르고
각북 지나 별천지 속으로 들어가 하룻밤 露宿한다
찬 이슬에 젖은 마음 사이 언뜻 별이 보인다
별이 별을 끌어당겨 더 별이게 하는 밤
마른 입술 가만 하늘에 대본다

가객을 위하여

폭포만한 가객
또 있으랴
진검 빼어 탁, 목 치니
흰피 천길 솟구쳤다
일순 내리꽂힌다

저 희디흰 피 되받아
홀로 가리라

4

물앵두 아래

너를
내 안에 숨기고
한 십년
쩔쩔쩔 매다가
봄 햇살에 들켜
그만 온몸
희디흰 열꽃
등창 터진
섬진강 청매실
아린
물이랑
건너

너는, 너는

너는 이슬
너는 초록별
너는 분홍구름
너는 공주
너는 사리
너는 초승달
너는 보물섬
너는 줄장미
너는 번개
너는 공기
너는 허파
너는 우주

너는 별 중의 별
감각 중의 감각
허기 중의 허기
아아, 너는

물방울 천국

너는 너무 작은 물방울 천사여서
나는 물봉선에 갇힌 왕자지
이슬의 왕관 쓰고
아침해 맞으러 나갔다가
금방 그리움의 풍선이 터져
풀잎의 맨발 간지럽히는
도마뱀 신발이지
가없는 물방울 천국에 닿은 너를
고통없이 들여다보면 안 되겠니
나 그만 그만
눈물없이 널 안으면
안 되겠니
이슬 애인아

후생의 봄밤같은

쌀 몇 섬 다 부려
고봉밥 허드러지게 퍼담아놓은
이팝나무 아래 서 있는
그런 밤이 있다

비오리 꽃댕기머리
너를 기다리는
내 後生의
그렁그렁 눈물 매단

어느 캄캄한 봄밤이
또, 와 있을 것인가

이팝나무 환한 꽃그늘 같은

중년

선암사 적묵당 앞
가사도 다 벗은 아름드리
콩가시나무 보고
해우소에 앉아
사십년 묵은 배내똥 눈다
이십년 전 눈끔쩍이로 만난
동백꽃 하나
끙끙거리다 그만
수십길 똥간에 툭
떨구고 만다

아, 우찌 살꼬

눈물

팽나무 아래
늙은 어머니는 늘
그렇듯 서 있었다

저문 곳 떠돌다 오는
아들을 위해 따슨 밥 한 그릇
가슴에 묻어 두었다

어머니의 눈물이
저문 세상 떠돌다 온
부르튼 발등 씻어 주었다

어머니를 위해
나는 별로 울었던
기억이 없다

米壽의 가을

백로 지나자
어머니가 기르는 텃밭은 시들하다
박넌출도 희디흰 달빛 속살도
들깻잎도 향기를 부비지 않는다
중환자실 인공심장박동기에 몸 내어맡긴
어머니의 가을, 단물이 다 빠져나간
욕창의 세월 감고오르는 박넌출이여
허공에 위태롭게 풍선심장 매다는 저녁
배추벌레가 여린 잎사귀 갉아 먹어도
더 이상 미물의 생을 간섭하지 않는다
쥐 쏠다만 해바라기가 하늘길로
어머니의 가을을 전송하고 있다

입맞춤이며 은총인

달빛 천천히
마음 흔들어 주는 봄밤
매화꽃 아래서
혼몽한 향기에
어찌할 바 몰라
마른 입술 가만 포갬이여
혀와 혀의 달콤한
密通이여

짧은 봄밤
아주 흘러가 버리고
마음에 떠오르는
혓바닥의 은총이여

사랑은 몸살이니

마음이
몸을 버리고
다른 마음 만나
화들짝 꽃피울 때
몸은 토라져
동백꽃 곁에 가 눕는다
사랑은 몸살이니
몸살은 동백이니
지상에 툭
속울음 떨군
붉디붉은 입술 위에
마음 또한 저물어
저 혼자 운다
마음 버린 몸이여

장항리에서

1
밤새 칭얼거리는
어린 바다의 입술에
졸졸 샘물 흘려준다
젖 넘어가는 소리
꼴깍꼴깍 정겹다고
햇살이 솜이불 펼쳐
어린 바다를 감싸안는다
말뚝에 묶인 깜장 염소 한 마리
근질근질 뿔이 돋는지
나무에 머리 박치기하다 그만
음메 운다

2
나는 수평선이 되어 너를 가둔다

그리움으로 서걱이는 갈대
갈대를 배경으로 환히 웃는 너는
해안선을 다 드러낸 봄바다

소금밭이 저린
꼬마물떼새 날아가다 끼루룩
너의 웃음에 끼어드는

    3
　푸른 보리밭 너머로 바다가 보인다 발 아래 요동치는 바다를 잠재우며 너럭바위에 앉아 시를 읽는다 시에 기댄 너의 어깨가 반쯤 바다쪽으로 기울어 있다 풀잎에 나앉은 아침 이슬, 이슬의 투명한 입술을 너에게 주겠다 봄바다는 종일 연한 보리잎으로 흔들리고

늪의 길

        1
우포늪은
이방으로 가는 길과
창녕으로 돌아가는 길
두 갈래가 있다

헤드라이트 불빛에
감춰진 길이 꿈틀거린다
나는 길에 매달려 끙끙거린다
밤마다 늪에 빠져 허우적거리는

길의 끝은
늪이다

별보다 먼저
하늘에 닿아 반짝이는
저 늪의 길

　　　　2
물풀과 부들 사이
논병아리가 새끼 데리고 놀고 있다
앞서거니 뒷서거니 졸졸 따라 가는
까만 새끼논병아리들

어미가 물 속에 머리 처박고
두 발로 허공 헤집는 동안

새끼논병아리는
물 밖에 머리를 내어놓고
쩔쩔 매고 있다

제 발 보다 한 뼘이나 큰 나막신 끌고

　　　　3
연분홍 가슴 두근거리며
온몸에 덕지덕지 가시 바르고
세상이 아파하지 않아서

대신 쿵쿵 우는 가시연꽃

늪은 속내 깊은 울음 저 혼자 울고 있다

      4
희뿌연 달밤
물 위를 성큼성큼
걸어가는 소금쟁이가
너도 해 봐 해 봐 한다

몇 발짝 떼다 물 위로 콕, 꼬구라진다

갈릴리 바다를 맨발로 건너 간
서른 세살에 죽은 예수는
성자가 되었다

발바닥 간질이는 물결이
바보 바보하며
깔깔거린다

5
노랑어리연꽃 속에
머리 처박은 호박벌
기척이 없다

영 나올 기미가 없다

기척과 기미 사이
기웃거리던 물총새

어디론가 펜하케 날아간다

6
중년의 남자와 여자가
대낮에 해가 환하게 켜진
물의 방으로 들어간다
온몸 물풀로 짓이기고
혓바닥 깊이 빨아들인다
몸 속에 길이라도 숨어 있다는 듯

7
소금쟁이가 물고가다 그만 둔 것을
실잠자리가 앉았다 그만 둔 것을
쇠물닭이 물어뜯다 그만 둔 것을
청개구리가 뛰어가다 그만 둔 것을
초록 마음보자기 화들짝 펼쳐
서말치 무쇠솥 고요를
온몸으로 되받아 비로소
입술 여는 연꽃같은

　　　　8
물총새가 가던 길 되돌아와
젖은 몸 오오래 햇살에 말리며
제 낯짝 훔쳐본다

늪은, 힘에, 부치는지
물풀, 꺼내어, 제 얼굴, 가만
닦고 있다

유카리

　유카리 나무를 처음 보았다. 外島 구석진 곳, 겨울바다를 배경으로 선 너는 유카리, 푸르디 푸른 지중해의 알몸이 보고 싶어 유카리는 울고 있다. 그리움 얼마나 깊었으면 붉디붉은 속살로 울고 있겠느냐. 울다 지쳐 그만 파도에 발목이 시려 작디작은 종소리 풀어 놓겠느냐

　南佛 그 어디
　그리움의 집이 있다는
　너는 유카리

말을 걸다

아이가 나비에게 말을 걸면
나비는 동백꽃에게 말을 걸면
동백꽃은 새에게 말을 걸면
새는 만도린 켜는 처녀에게 말을 걸면
처녀는 꽃을 문 물고기에게 말을 걸면
물고기는 연꽃에게 말을 걸면
연꽃은 희맑은 이슬에게 말을 걸면
말을 걸면 한 천년 입 꽉 다문
저 납덩이 바위도 그만
화들짝 꽃피우고 싶은 봄날

종일 심심한 매화나무는
헛둘헛둘 팔굽혀펴기한다
열심으로 몸 들어 올릴 때마다
옆구리가 터진 폭죽향은
금간 마음 깁고 있다

나무에 관하여

 화가 이규목의 뜰에는 삼월 하순에도 펄펄펄 진눈깨비 내린다 하늘로 지다만 철늦은 눈발, 휘늘어진 수양매 꽃잎 속 겹겹 다시 핀다 모시나비 수선스레 떠다니는 화폭 옆구리에 어김없이 '木' 검은 글자를 쓰고 그 곁에 꽝, 마침표 하나 찍어둔다 마른 땅에 비끌어맨 點眼이다 봄빛이 달아날까 봐 저물도록 부신 하늘에 닻을 내린 木. 탈색의 시간 견디며 잎보다 먼저 꽃 밀어내어 연분홍 풍경을 완성하고 있다

초록 마을

하느님 몰래
天桃 훔쳐먹은 새가
붓을 물고 날아다닌다
심심해서 쓱 그으면 초록 마을이 생기고
한번 쓱 날아가면 복사꽃 환한 세상이다
가끔, 낡은 종소리가
봄눈에 뒤섞여 내리는 한낮
동백꽃 속에 만도린 켜는 소녀가
얼굴 붉히곤 한다

땡감 가슴을 한 물고기가
복사꽃 물고 천천히
이승 쪽으로
오고
있다

구름과 놀다

소금쟁이 하나가
심술궂게 휘젓다 간
수면의 주름살 펴려고
호수는 제 속을
가만 들여다 본다
고통이며 선물인
구름 껴안고
놀면서

구름책

한사나흘 죽어라
장대비 내리퍼붓더니
하늘은 심심한지
구름책 펼쳐든다
언제 그랬느냐는 듯
갈피마다
순백의 속살
환히 드러낸다
침 발라 꾹꾹 눌러 쓴
흐린 연필 자국
구름은 얼굴 찡그리다
그만 둔다
가끔 구름에 세들고 싶은
내 마음도 얼핏 비치다
그만 두기로 한다

다시 구름책

마음의 굴렁쇠 쉼없이 굴러가다
고요히 머문 자리 구름의 씨앗이 자라
지상의 문법 다 지우네

새털구름 비늘구름 면사포구름 양떼구름 안개구름 뭉게구름 높층구름 미도구름 층층구름
구름으로 가득 채워진 白碑의

소리내어 읽다 만, 비어서 슬픈
구름의 책 한 권 갖고 싶네

폭포

폭포는 천상에
아니 마음의 절정에
걸려 있는 것

지금 내가 할 일은
直立의 희디흰 목덜미에
노래의 비수를
내리꽂는 일

| 시인의 산문 |

나무와 숲, 신생의 언어

1

 나는 인간보다 나무를 더 사랑한다. 이 무슨 망발. 그러나 이것은 숨길 수 없는 진실이다. 내가 인간을 찾아 다닌 시간보다 어쩜 나무나 풀을 찾아 떠돈 시간이 더 많을지도 모른다. 나는 식물학자는 아니다. 인간보다는 식물, 나무 중에서도 노거수(老巨樹)에 관심이 더 간다는 뜻이다. 왜 나무를 찾아 떠도는가. 이것에 대한 뚜렷한 답은 없다. 떠돌이별이 붙박이별에의 향수 때문일까? 이 무슨 횐소리.

 나무를 보면 거기 고여있는 시간을 만날 수 있다. 인간의 생이 고작 칠팔십년, 길어야 백년 안쪽이다. 그러나 노거수를 보라. 적게는 몇 백년에서 천년을 한결같이 버틴 나무들이다. 그것도 한 자리에서 뭉기적거리며 버틴 세월이라니. 절로 외경감이 묻어난다.

 영국의 큐 박물관에 소장된 세쿼이아 나무는 1,335개의 동심원들을 보여주고 있다고 한다. 인간의 연치로 천수를 누리고도 삼백삼십오년을 더 살았다. 이 나무의 나이는 신라 천년의 역사를 훨씬 뛰어넘는다. 세계의 어느 왕조보다 유구한 역사를 보태며 질긴 생명력을 보여준다. 천년을 견딘 나무는 인간사의 굵직굵직한 일들을 두루 다겪은 타임머신이다. 나무의 기록을 보면 인간사의 희로애락을 다 기록해 두었다. 오래된 나무의 기록에서 사람들은 나무가 살았던 시대의 기상이나 환경 조건을 읽어낸다. 나무의 기록을 연구하는 학문을 연륜연대학이라고 말한다.

어쩌면 내가 본 나무란 세상의 한 귀퉁이에 지나지 않을 지 모른다. 그러나 적어도 내가 만난 나무들은 자아의 중심, 세계의 중심에 뿌리를 깊이 박고 있었다. 한톨의 눈꼽만한 씨앗에서 출발한 나무의 생명은 자신에게 주어진 일에 최선을 다한다. 아무리 척박한 땅이라도 마다하지 않는다. 거기에 뿌리를 내리고 가지를 뻗고, 당당하게 자신의 하늘을 확보해 둔다. 나무는 오늘도 자신이 내어놓은 가지에 무수한 이카루스의 날개를 달고 하늘로 하늘로 날아오르는 꿈을 꾸고 있는지도 모른다.

2

나는 나무의 숭배자이다. 적어도 나무 앞에서만은 속물이 된다. 큰 나무를 보면 먼저 안아보고 싶은 충동에 사로잡힌다. 여러 명이 손을 맞잡고 나무를 감싸안아 보고 나서야 직성이 풀린다. 이 얼마나 망측한 속물 근성인가. 유한한 인간의 욕망의, 오랜 시간의 집적물에 대한 대리 만족이다. 스스로 한계를 드러내는 행위임을 알겠다. 내가 처음 적천사 은행나무를 보러간 것은 늦가을 저녁 무렵이었는데 그때도 대뜸 나는 두 팔을 벌려 나무를 안아보려고 했다. 천고의 풍상을 다겪은 은행나무가 이런 나를 내려다보고 쯧쯧 혀를 차면서 얼마나 측은하게 생각했을까?

올 가을, 내 삶의 가장 든든한 버팀목이셨던 어머니가 미수(米壽)의 연치로 이승을 떠나셨다. 어머니가 떠난 그 텅빈 공간, 그 폐허의 공간을 가끔 적천사 은행나무가 내 속에 들어와 있어 놀라곤 한다. 늦가을 저녁, 어둑어둑 마음 저물어 찾아간 적천사, 물소리 켜켜로 쌓여있는 적천(蹟川)에 들어 은행나무 속으로 들어간다. 어느새 어머니의 품이 된 나무는 오오냐 내 새끼, 이제 오냐. 듬뿍 품어준다.

잎을 다 떨군 은행나무의 장엄, 한 천년쯤 시간을 견딘 저 나무는 왕조(王朝)이다. 인간의 어느 왕조가 천년을 견딜 수 있단 말인가. 인간의 최장의 역사를 적천사 은행나무는 견디고 있는 중이다. 저 나무 앞에서면 인간의 역사란 얼마나 하찮은 존재인가.

3

묘산 소나무는 숭엄한 기품을 지니고 있다. 나무 껍질이 거북등처럼 갈라지고, 나무 줄기가 용트림하여 구룡목(龜龍木)이라고 부른다. 수령 400년의 이 소나무는 이런 수치적 개념

만으로는 그 높이와 넓이를 헤아릴 수 없다. 소나무 아래 가만히 앉거나 서 보라. 그리고 하늘을 한 번 올려다 보라. 나무와 하늘 사이의 공간이 얼마나 깊고 넓은가. 하늘을 향해 용트림하듯 퍼져 있는 웅장한 가지들, 그 가지를 따라 흩어져 공간을 메우고 있는 푸르른 바늘잎들, 도저히 실감할 수 없는 깊이와 폭을 이 묘산 소나무는 품에 안고 있다.

마을 어귀, 들판의 둔덕에 서 있는 이 소나무의 형국은 또한 어떠한가. 흡사 주위 산천의 정기를 몽땅 이 나무가 다 빨아들인 듯하다. 야산이며 마을 어디에도 이 나무를 능가할 숲이나 나무가 없었다. 나는 참으로 묘한 느낌을 받았다. 퇴계 같은 큰 인물이 날 때는 가문(家門)의 4~5 대 정기를 몽땅 다 받아야 가능하다고 했던가. 나의 착각일까? 주위를 둘러 보아도 이 소나무는 주위 경관을 제압하고도 족히 남을 힘을 지니고 있었다.

한 인간이 그려내는 그늘의 흔적은 얼마나 될까? 태산 거목의 인간이라도 말년에 자신이 만든 그늘에 온갖 새들과 벌레들을 다 불러들이는 넉넉함을 얼마나 지니고 있을까? 저 태산 거목인 묘산의 소나무가 그려내는 심리적 공간, 저 소나무가 그려내는 하늘의 빛깔과 공간은 사람이 존재하는 공간을 훨씬 넘어서고 있는 것이 아닐까? 나무는 오늘도 자아의 중심에 뿌리를 내리고 자신의 의지대로 하늘을 향해 마음을 넓혀갈 뿐이다.

4

 황룡사는 봄날 해질 무렵이 제격이다. 저 텅빔과 느림이 주는 미학적 공간, 넉넉한 여백이 주는 안도감, 시공을 초월한 사랑도 만날 수 있으리라. 구층 목탑이 있던 주춧돌에 앉아 선도산 능선을 물들이는 저녁놀을 보라. 쓸쓸함에 기대어 나는 역사의 시간 속에 버려져 있다.

 그렇다. 한 역사가 일어서고 쓰러져간 흔적을 고스란히 황룡사는 껴안고 있다. 분황사 저녁종소리를 들으면 세상의 온갖 번뇌가 한갓 티끌에 지나지 않음을, 헛된 망상에 사로잡힌 세속의 때를 씻어준다.

 종달새 울음이 봄밤을 적신다. 나는 황룡사 목탑지에 앉아 눈을 지그시 감고 신라로 거슬러 가 본다. 또한 천년 전 한 사랑을 꿈꾼다. 지혜로웠던 선덕여왕, 하늘 아래 가장 귀하신 몸을 짝사랑하다 상사병으로 몸져누운 떠거머리 총각 지귀. 어느날 왕궁을 몰래 빠져나온 선덕은 지귀를 찾아 간다. 잠든 지귀의 가슴팍에 가장 아끼던, 살붙이나 다름없는 팔찌를 놓아준다. 지귀의 이마에 살짝 입술을 대어보곤 휑하니 다시 임금의 자리로 되돌아간다. 홀연 잠에서 깬 지귀, 온 생을 다바쳐 사랑하고자 했던 여인이 깜박 잠든 사이에 다녀간 것을 알고 끝내 심화(心火)가 터져 영묘사 절 하나를 몽땅 태운다. 그 불타는 모습을 한 여인은 또 얼마나 가슴 아프게 지켜 보았을까?

 이 지극한, 전설같은 사랑이 어디에 또 있단 말인가. 가장 낮은 신분의 민초(民草)까지도 위무해주던 여왕의 백성 사랑이야말로 가장 신라다운 정신이 아니었을까 싶다.

신라는 우리 역사상 가장 찬연했던 제국이었다. 동방의 조그만 나라, 반도의 동남쪽에 치우쳐 있던 신라가 삼국을 통일하고, 열강의 각축 속에도 천년 왕조를 고스란히 지켜낸 사실은 경이로움 그 자체이다. 세계 역사 속에서도 희귀하다. 신라 정신의 총화였던 황룡사는 지금 들판 가운데 버려져 있다. 버려져 있다는 말은 진실이 아니다. 황룡사는 비어있음으로 정신적 몽리면적을 넓혀준다.

삶에 찌들 때 황룡사에 한번 가 보라.

5

나무는 소멸과 신생을 동시에 지니고 있다.

몇 년 전 포항 장기면에서 신생대의 지층에서 숯이 발견되었다. 지층에 묻혀 이천만년의 시간을 견딘, 숯 사진을 보는 순간 감전된듯한 충격을 받았다. 숯은 상상의 불을 지핀다. 몇 만년의 시공을 건너뛴 숯은 숲의 후생이다. 숯이 되기 직전의 원시림이 빽빽히 들어 차 있었을 그곳, 그 숲에는 청자빛 하늘과 서걱이던 바람과 깊이를 알 수 없는 어둠의 심연이 존재했을 뿐이다. 인간의 흔적이란 그 어디에도 찾아 볼 수 없는 태초의 시간 그 자체였을 것이다.

숯은 원시림의 기억을 환기시켜 준다. 흰눈이 덮인 원시림. 숲은 그 희디흰 빛을 빨아들인다. 그 숲은 어느 한 순간 불길에 휩싸여 몽땅 잿더미로 태워진다. 타다만 나무가 숯이 된다. 그 숯은 지각 변동으로 지층에 묻혀 화석이 아닌 화석으로 이천만년을 견딘 것이다. 숯은 나무과 재의 중립지대이다. 숯은 숲으로 환원하지는 못하지만 어느 한 순간 불씨를 만나면 금세 타올라 재로 변한다.

 나무의 언어는 숯이다. 그 숯은 결국 땅에 묻히면 그대로 시간의 방부제가 된다. 숯은 검다. 이 말은 거짓이다. 숯은 희다. 이 말은 참말이다. 숯과 숲 사이에 언어가 끼어든다. 나는 비로소 숯은 희다고 우긴다. 시의 언어는 숯이 희다고 해야 적확하다. 시의 진실은 여기에 있다. 일순 숯의 언어는 불꽃을 지닌다. 가령 누군가에게 사랑한다고 말했다 하자. 그 말은 누군가의 가슴에 사리로 박힌다. 마음의 지층에 묻힌 말의 숯, 그 숯은 다시 노래의 언어로 환생한다.

 나는 나무의 언어를 꿈꾼다. 한 시대의 지층에 묻힌 숯으로서의 시, 내가 걸어 온, 걸어 갈 길의 내력(來歷)을 더듬는 시간의 지층에 시를 묻어둔다. 시는 결국 노래를 지향한다. 폭포와 짝을 이룬 소리꾼이 득음의 경지를 찾아 떠나듯, 나도 한 시대를 건너 뛸 숯으로서의 신생의 언어를 찾아 길을 떠날 뿐이다.

박 진 형

1954년 경북 경주에서 남.
1985년 「매일신문」 신춘문예,
1989년 『현대시학』으로 등단
시집 『몸나무의 추억』 출간

풀밭의 담론

초판 인쇄 / 2001년 12월 5일
초판 발행 / 2001년 12월 10일

지은이 / 박 진 형
펴낸이 / 박 진 환

펴낸 곳 / 만인사
등록번호 / 1996년 4월 20일 제03-01-306호
주소 / 대구광역시 중구 봉산동 235-11
전화 / (053)422-0550
팩시밀리 / (053)426-9543

ISBN 89-88915-14-3 03810
※저자와의 협의에 의해 인지는 생략합니다.

값 5,500원